MA PRE
MYTHOLOGIE

Œdipe et l'énigme du Sphinx

Une série de Hélène Kérillis,
illustrée par Grégoire Vallancien.

Hatier
jeunesse

Chapitre 1
La menace

Un monstre s'est installé au pied des remparts de Thèbes : un Sphinx. Il a un corps de lion, une tête de femme, des ailes de vautour et une queue de serpent.

Il arrête les gens au hasard et leur pose une question difficile. Si difficile qu'ils ne trouvent pas la réponse. Alors le monstre les dévore. Des hommes courageux ont tenté de l'affronter. Ils ont tous échoué.

Ce matin-là, les conseillers sont réunis au palais. Depuis la mort du roi, c'est Créon, le frère de la reine Jocaste, qui préside le grand conseil.

– Si nous ne trouvons pas de solution, dit-il, la cité de Thèbes va mourir. Que faire ? Personne ne sait.

Créon s'accoude à la fenêtre. Les rues sont désertes. Les champs sont abandonnés. Plus un paysan ne travaille la terre. Plus un marchand n'ose venir acheter ou vendre... Le Sphinx surgit n'importe quand et s'attaque à n'importe qui.

– Ça ne peut plus durer ! dit Créon en se retournant vers les conseillers. Si personne à Thèbes n'est capable de venir à bout de ce monstre, il faut chercher ailleurs.

– Mais… Personne ne voudra risquer sa vie pour nous ! dit un conseiller.

– Ça dépend. Si nous offrons une très grosse récompense, nous trouverons !

On fait le tour des idées. On prend l'avis de la reine. Enfin, on se met d'accord. Alors Créon fait venir un garde et donne ses ordres :

– Qu'on proclame notre décision dans toute la cité : celui qui vaincra le Sphinx deviendra roi de Thèbes !

Chapitre 2
L'étranger

Le même jour, un jeune homme arrive à Thèbes. Il n'a plus ni parents ni famille. Il se demande que faire de sa vie quand il entend la proclamation officielle.

– Celui qui répondra à l'énigme du Sphinx sauvera la cité de Thèbes. En récompense, il épousera la reine et deviendra roi !

« Devenir roi ! se dit le jeune homme.
Quel destin extraordinaire pour moi ! »
Aussitôt, il monte au palais et se présente devant Créon.

– Qui es-tu ? lui demande le frère de la reine.

– Mon nom est Œdipe et je suis seul au monde.

Créon observe le jeune homme. Sportif, le regard intelligent, il semble le héros idéal.

– Mais je suis pauvre, et je suis un étranger, dit le jeune homme. Si je réussis, tiendras-tu ta promesse ?

– Je n'ai qu'une parole ! Si tu sors vainqueur, tu seras roi.

– Parfait ! Je suis prêt à tout !

Cependant, Créon hésite. L'étranger est bien jeune. Comprend-il réellement qu'il risque sa vie ?

– Sais-tu que le monstre est sans pitié ?

– Je n'ai pas peur !

– Alors que les dieux te protègent !

La nouvelle se répand dans la ville à la vitesse de l'éclair : un étranger a répondu à l'appel de Créon ! Un héros est prêt à affronter le Sphinx ! En un instant, les rues sont noires de monde. Pleins d'espoir, les Thébains se massent sur les remparts. On ouvre les portes de la cité. Œdipe sort. Il s'arrête au milieu de la route. Il attend le monstre.

Chapitre 3

Face à face

Œdipe est seul au pied des remparts.
Il met ses mains en porte-voix et crie vers le ciel :

– Sphinx ! Je suis là ! Qui que tu sois, je suis prêt à t'affronter !

Aussitôt, le sol tremble sous les pattes de la bête qui arrive au galop. Ses ailes claquent dans l'air, non pour voler mais pour terrifier son adversaire. Le Sphinx s'arrête sur un rocher, à quelque distance d'Œdipe.
Sur les remparts, les Thébains retiennent leur souffle. Leur héros ne manque ni de force ni de courage.
Mais la force ne sert à rien contre le monstre. C'est le sang-froid et l'intelligence qui comptent. Cet Œdipe est-il vraiment de taille à vaincre le Sphinx ?

Le monstre agite sa queue de serpent. Il grince des dents. Il fait crisser ses griffes sur le roc.

– Avance ! hurle-t-il à Œdipe.

Et il regarde sa future victime en grognant de plaisir : encore un misérable humain qui se croit plus fort que lui, le Sphinx ! Dans quelques instants, il se traînera à ses pieds en suppliant, comme les autres. Et comme les autres, il mourra.

Œdipe s'avance au pied du rocher.

Il se dégage du monstre une impression de puissance qui fait frémir. Mais Œdipe ne se laisse pas impressionner.

Il rassemble les forces de son intelligence.

Œdipe relève fièrement la tête et parle le premier :

– Alors ? Quelle est cette énigme ? Je t'écoute !

Le Sphinx pousse un cri sauvage, ses yeux lancent des éclairs. Quel est donc cet homme qui ose le défier ?

Sans attendre, il pose la question de vie ou de mort :

– Quelle est la créature qui a quatre pattes le matin, deux à midi et trois le soir ?

Chapitre 4

Victoire !

L'esprit d'Œdipe se met à travailler à toute vitesse. Une créature… Donc un être vivant. Avec des pattes… Donc un être qui marche. Ni un poisson ni un oiseau sans doute. Mais comment peut-on avoir un nombre différent de pattes au cours d'une journée ?

À moins que…

– Eh bien ? s'écrie le Sphinx en agitant les ailes avec impatience.

Œdipe ne se laisse pas distraire. Il poursuit son raisonnement. Matin, midi, soir… Si c'était une manière de parler pour désigner toute une vie ? Enfance, âge adulte, vieillesse ? Oui, sûrement. La créature en question, c'est…

– Alors ? hurle encore le Sphinx.

Déjà ses griffes raclent le rocher, prêtes à déchiqueter. Il se redresse, comme pour se jeter sur Œdipe.

Mais le héros plante ses yeux dans les yeux du monstre et dit :

– Cette créature, c'est l'être humain ! Au matin de sa vie, il est bébé et marche à quatre pattes. À midi, adulte, il se déplace sur deux pattes. Au soir, quand il est vieux, il s'aide d'une canne.

À ces mots, le Sphinx fait un bond en arrière. Ses yeux roulent dans tous les sens, affolés. Il gronde, il bave, il trépigne. Et d'un coup, il dégringole de son rocher et s'enfuit en bonds désordonnés.

Œdipe ne crie pas victoire tout de suite.
Le Sphinx va-t-il partir pour toujours ?
Comment en être sûr ? C'est alors qu'on entend un cri de rage, un bruit de chute, puis plus rien.
Le monstre s'est jeté dans un ravin. Tel était son destin : mourir quand l'énigme serait résolue.

Une immense clameur monte
au-dessus des remparts de Thèbes :
Œdipe est victorieux ! L'intelligence
l'a emporté sur la sauvagerie !

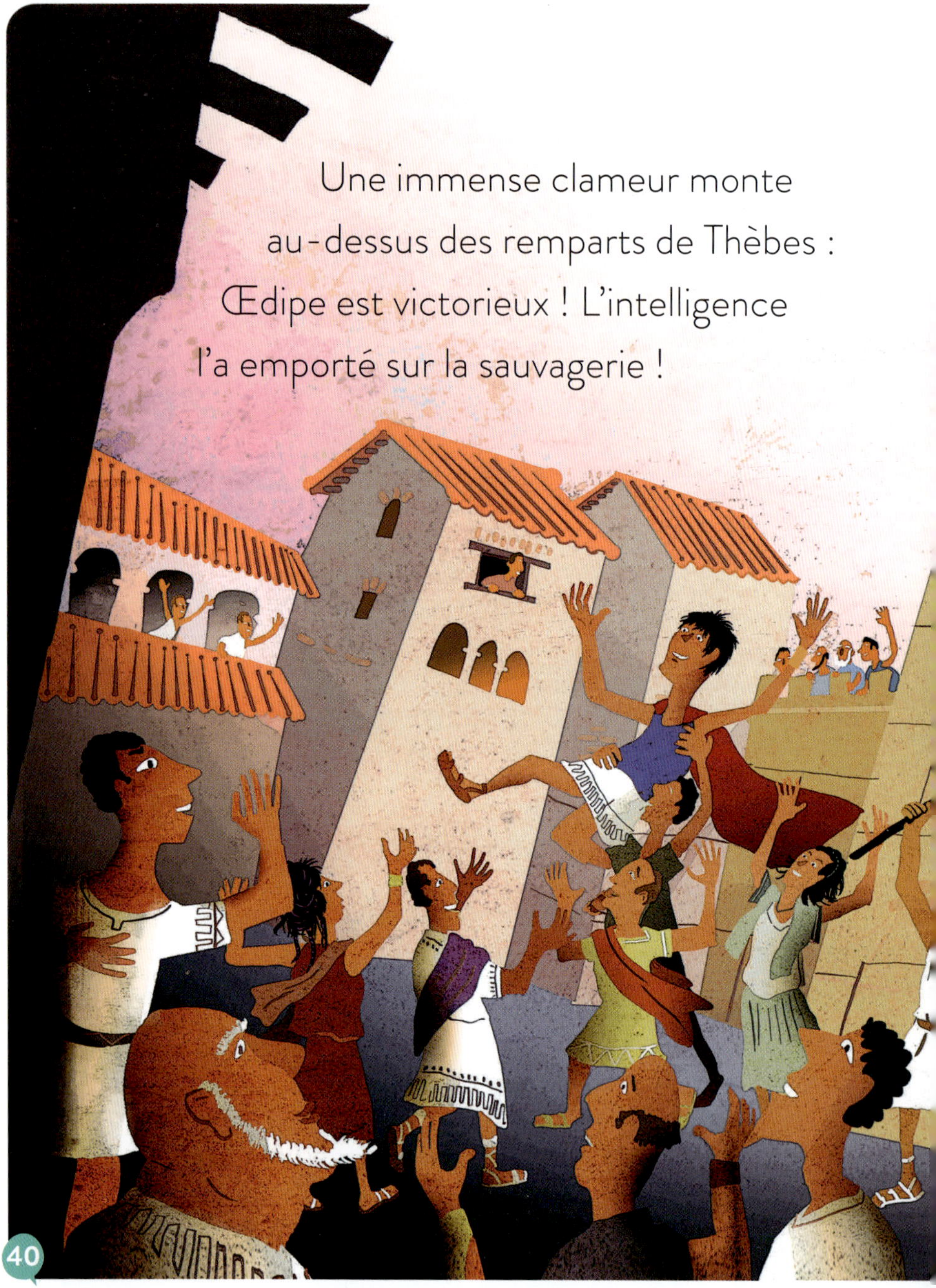

On ouvre les portes de la cité. La foule accourt et porte le jeune homme en triomphe.

– Vive Œdipe !

– Vive notre héros !

La reine l'accueille à bras ouverts.
Créon, fidèle à sa promesse, lui offre
le royaume de Thèbes. C'est ainsi qu'Œdipe
l'étranger épouse la reine et monte sur le trône.

Mon quiz

As-tu bien lu l'histoire ?

1 Le Sphinx a une tête de femme, mais quelles créatures composent son corps ?

A. Une vache, un oiseau et un lion
B. Un lion, un vautour et un serpent
C. Un serpent, un mouton et un poisson
D. Une vache, un zèbre et une girafe

2 Qui est Créon ?

A. Le frère de la reine
B. Le mari de la reine
C. Le cousin de la reine
D. Le père de la reine

3 Que gagne celui qui bat le Sphinx ?

A. La richesse éternelle
B. Une croisière en Méditerranée
C. Le trône de Thèbes
D. L'immortalité

4 Qui est Œdipe ?

A. Un riche prince héritier
B. Un vieux berger
C. Un pirate peureux
D. Un jeune orphelin

5 Que faut-il avoir pour battre le Sphinx ?

A. De l'argent
B. De l'intelligence
C. De la force
D. Des pouvoirs magiques

6 Quelle est la réponse de l'énigme ?

A. L'être humain
B. Le soleil
C. Le guerrier
D. L'enfant

7 Que fait le Sphinx quand Œdipe résout l'énigme ?

A. Il le dévore.
B. Il le félicite.
C. Il s'envole.
D. Il se jette dans un ravin.

Solutions page 48.

Mes infos en +

Pour aller plus loin…

Pourquoi Œdipe est-il orphelin ?

Quand une prophétie annonce aux parents d'Œdipe, Laïos et Jocaste, que leur fils tuera son père et se mariera avec sa mère, ils l'abandonnent.
Mais cela ne suffit pas car Œdipe ne connaît ni les noms, ni les visages de ses parents… En dépit des précautions prises, Œdipe réalisera malgré lui la terrible prophétie.

As-tu parfois un « sourire de Sphinx » ?

Le sphinx est une créature célèbre dans bien des cultures. Tu connais peut-être la statue géante du Sphinx de Gizeh, près du Caire, la capitale de l'Égypte.
Le Sphinx évoque le calme et le mystère. Son nom est souvent utilisé pour décrire quelqu'un qui a une attitude énigmatique… jusque dans son sourire !

Peut-on visiter Thèbes aujourd'hui ?

Thèbes était dans la mythologie une des plus prestigieuses cités grecques où sont nés de grands héros, comme Hercule. Cette ville, qui s'appelle maintenant Thiva, est proche d'Athènes (à une heure environ) et, oui, tu peux la visiter !

Peux-tu inventer un monstre ?

Dans la mythologie grecque, les monstres sont souvent mi-humains, mi-animaux. Par exemple, le Centaure mélange l'homme et le cheval ; le Minotaure, l'homme et le taureau. À ton tour d'imaginer des combinaisons monstrueuses !

Solutions

Mon quiz (p. 44-45)
1/B ; 2/A ; 3/C ; 4/D ; 5/B ; 6/A ; 7/D

Suivi éditorial : Maya Saenz-Arnaud
Réalisation graphique : Cédric Ramadier

ISBN : 978-2-401-07591-7
ISSN : 2497-0166

Achevé d'imprimer en France par l'imprimerie Clerc à Saint-Amand-Montrond.
Dépôt légal : 07591-7/01 - Juin 2021